Jessica Nagy

Der Demographische Wandel in Deutschland. Ein Überblick

GRIN Verlag

Bibliografische Information der Deutschen Nationalbibliothek:

Die Deutsche Bibliothek verzeichnet diese Publikation in der Deutschen National-
bibliografie; detaillierte bibliografische Daten sind im Internet über http://dnb.d-
nb.de/ abrufbar.

Impressum:

Copyright © 2005 GRIN Verlag GmbH
Druck und Bindung: Books on Demand GmbH, Norderstedt Germany
ISBN: 978-3-640-86436-2

Dieses Buch bei GRIN:

http://www.grin.com/de/e-book/69828/der-demographische-wandel-in-deutschland-
ein-ueberblick

GRIN - Your knowledge has value

Der GRIN Verlag publiziert seit 1998 wissenschaftliche Arbeiten von Studenten, Hochschullehrern und anderen Akademikern als eBook und gedrucktes Buch. Die Verlagswebsite www.grin.com ist die ideale Plattform zur Veröffentlichung von Hausarbeiten, Abschlussarbeiten, wissenschaftlichen Aufsätzen, Dissertationen und Fachbüchern.

Besuchen Sie uns im Internet:

http://www.grin.com/

http://www.facebook.com/grincom

http://www.twitter.com/grin_com

Fachhochschule Heidelberg
Staatlich anerkannte Fachhochschule der SRH Learnlife AG

Studienarbeit

<u>Thema:</u>	Der Demographische Wandel in Deutschland
<u>Fachbereich:</u>	Sozial- und Verhaltenswissenschaft
<u>Studiengang:</u>	Wirtschaftspsychologie
<u>Fach:</u>	Wissenschaftliches Arbeiten und Argumentieren
<u>Vorgelegt von:</u>	Jessica Nagy

Inhaltsverzeichnis

I. Einleitung

Der Demographische Wandel in Deutschland ist ein aktuelles und stets gegenwärtiges Thema. Vermehrt hört man Diskussionen darüber in den Medien mit Politikern und Experten. Es gibt viele unterschiedliche Meinungen und Ansichten, jedoch haben alle eine statistische Gemeinsamkeit, die Menschen werden immer älter und gleichzeitig ist Deutschland von einem alarmierenden Geburtenrückgang betroffen.

I.1 Definition „Demographie"

Der Begriff Demographie stammt aus dem Griechischen und setzt sich aus den Worten, „démos = das Volk" und „graphé = die Beschreibung", zusammen(vgl. www.Wikipedia.de). Die Enzyklopädie Brockhaus definiert Demographie folgender Maßen:

„Demographie ist die Beschreibung von Zustand und Veränderung der Bevölkerungszahl und –zusammensetzung mithilfe der Bevölkerungsstatistik."

(Brockhaus 20. Auflage, S. 208)

Die drei Größen die hierbei berücksichtigt werden müssen sind: Lebenserwartung, Geburtenrate und die Anzahl der Zu-und Abwanderung.

I.2 Definition „Demographischer Wandel"

Die Beobachtung und Aufzeichnung von demographischen Daten lassen Analysen und Interpretationen über Bevölkerungsvorgänge zu. Diese über mehrere Jahrzehnte notierten Vorgänge werden auch als „Demographischer Wandel" bezeichnet.

Vorweg möchte ich nehmen, dass es sich hierbei um ein sehr interessantes aber auch ebenso komplexes Thema handelt. Ich werde deshalb in diese Arbeit mit der aktuellen demographischen Situation beginnen und zum Schluss auf die historische Entwicklung eingehen.

II. Die aktuelle demographische Lage in Deutschland

Zurzeit leben schätzungsweise 82,4 Millionen Menschen in Deutschland. Die konstant zunehmende Lebenserwartung ist eines der Probleme, mit denen sich die Gesellschaft in den kommenden Jahren beschäftigen muss. „Jeder heutige Geburtsjahrgang kann mit einem um 2 bis 3 Monate längeren Leben als sein Vorjahrgang rechnen." (Forum Demographischer Wandel des Bundespräsidenten, S.2) Der Geburtenrückgang in Deutschland ist kein neues

Phänomen. Seit ungefähr 35 Jahren nimmt die Geburtenhäufigkeit ab. Heute liegt der Durchschnitt bei 1,3 Kindern pro Frau. Damit die Bevölkerungszahl unabhängig von Zuwanderung nicht abnimmt, müsste jede Frau im Durchschnitt mindestens 2,1 Kindern gebären. Doch heutzutage ist fast ein Drittel aller Menschen kinderlos.

II.1 Prognose

Heute sind es etwa vier Prozent der Bevölkerung, die 80 Jahre oder älter sind. In noch nicht einmal einem halben Jahrhundert werden es zwölf Prozent sein.

(F. Schirrmacher, Methusalem-Komplott, S.16)

Die heutige Lebenserwartung liegt bei männlichen Säuglingen bei etwa 75,6 Jahren und bei weiblichen Säuglingen bei ungefähr 81,3 Jahren. (Statistisches Bundesamt, „Lebenserwartung Neugeborener seit 1871")

Bis 2050 wird die Lebenserwartung nochmals um 6 Jahre steigen, wie weit dieser Prozess fortschreiten wird, ist nicht abzusehen.

„Die weitere Zunahme der Lebenserwartung wird sich immer weniger als Bevölkerungswachstum niederschlagen."(M. Miegel, Die deformierte Gesellschaft, 8.Auflage 2002, S.19)

Jedoch hat das Statistische Bundesamt folgende Entwicklungen berechnet:

„Die Bevölkerungszahl wird bis zum Jahr 2020 konstant bei 83 Mio. liegen, um danach auf rund 75 Mio. Einwohner zu fallen." (Forum Demographischer Wandel des Bundespräsidenten, S.2-3)

Die Zahl der Erwerbsfähigen wird um knapp 8 Mio. sinken.

II.2 Auswirkungen

Diese gravierenden Veränderungen haben vielseitige Auswirkungen.

Bezogen auf den Arbeitsmarkt wird zum einen ein akuter Mangel von hochqualifizierten Arbeitskräften herrschen auf Grund von steigenden Anforderungen, gleichzeitig werden geringqualifizierte Arbeitskräfte mit der Arbeitslosigkeit zu kämpfen haben.

Ein weiteres Problem wird die Innovationsfähigkeit der (alternden) Bevölkerung darstellen. Die geringe Anzahl an hochqualifizierten Arbeitskräften wird es nicht allein bewerkstelligen können, die internationale Wettbewerbsfähigkeit sowie den Produktionsstandort Deutschland zu sichern.

Zu den bereits genannten arbeitsmarktpolitischen Problemen kommen sozialstaatliche Probleme hinzu. Die Finanzierung der Rentenversicherung und der Kranken und-Pflegeversicherung bei einer sinkenden Zahl von Beitragszahlern, sowie die Finanzierung der

privaten Altersvorsorge stellen Herausforderungen an Staat und Individuum. (siehe auch
Forum Demographischer Wandel des Bundespräsidenten, S.6)

Eine weitere Konsequenz ist die sinkende Kaufkraft und mangelnde Nachfrage aufgrund
einer hohen Anzahl an Menschen die eine niedrige Rente beziehen und einer eher gesättigten
Bedürfnislage der älteren Konsumenten.

III. Theorie des „Demographischen Übergangs"

III.1 Definition demographischer Übergang

„Der demographische Übergang ist eine bevölkerungswissenschaftliche Theorie über die
Entwicklung der Geburten und- Sterbeziffer während der Phase des Übergangs eines Landes
von der Agrar-zur Industriegesellschaft." Das Modell des demographischen Übergangs
entstand vor dem Zweiten Weltkrieg. (Brockhaus, 20.Auflage, S.208)

III.2 Das 5 Phasen Modell

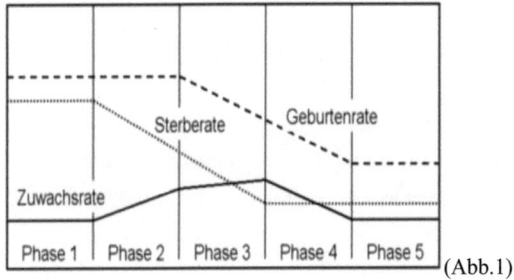

(Abb.1)

Dieses 5 Phasen Modell ist eine bildliche Darstellung für den Verlauf von anfangs hohen
Geburten- und Sterberaten bis zu ihrem jeweiligen Rückgang. Anhand dieses Modells kann
man die Entwicklung jedes industrialisierten Landes nachvollziehen.

In diesem Modell werden fünf Phasen des demografischen Transformationsprozesses
unterschieden:

Definition der 5 Phasen:

- Phase 1   Prätransformative Phase . In dieser Phase sind sowohl Geburtenrate als auch
  Sterberate sehr hoch. Das Bevölkerungswachstum ist daher eher gering.

5

- Phase2 __Frühtransformative__ oder Einleitungsphase. Die Geburtenrate bleibt unverändert hoch, der verbesserte Gesundheitszustand der Frauen führt zu einem leichten Anstieg, die Sterberate sinkt dagegen langsam. Diese Phase fand in Deutschland während der Industrialisierung statt.

- Phase 3 __Mitteltransformative__ oder Umschwungphase . Die Sterberate sinkt auf ein wesentlich niedrigeres Niveau jedoch geht auch die Geburtenrate langsam zurück.

- Phase 4 __Spättransformative__ oder Einlenkungsphase genannt. Die Sterberate stabilisiert sich auf einem geringen Niveau, und die Geburtenrate sinkt stark und nähert sich allmählich. (Dies ist unter anderem auf die Einführung der Empfängnisverhütung zurück zuführen.)

- Phase 5 __Posttransformative__ oder ausklingende Phase . Die Geburten- und Sterberaten bleiben stabil auf geringem Niveau. Das Bevölkerungswachstum ist sehr gering bzw. negativ. In dieser Phase steigen die Lebenserwartung an und er ältere Teil der Gesellschaft nimmt langfristig zu.(vgl. Wikipedia.de)

IV. Die demographisch-historische Entwicklung

IV.1 Definition Alterspyramide

„Grafische Darstellung der Bevölkerung im Hinblick auf die Altersstruktur als Diagramm mit liegend geschichteten Säulen, die die Besetzung einzelner Altersgruppen nach dem Geschlecht angeben. Der Begriff der Alterspyramide wird allgemein auf grafische Darstellungen der Alterstruktur einer Bevölkerung nach Altersjahrgängen angewendet, obwohl die Altersstruktur nur bei wachsender Bevölkerung Pyramidenform hat."(Informationszentrum für Sozialwissenschaften, Bonn)

IV.2 Formen

Altersaufbau der deutschen Gesellschaft zur Kaiserzeit im Jahre 1910 (Statistisches Bundesamt, 2000)

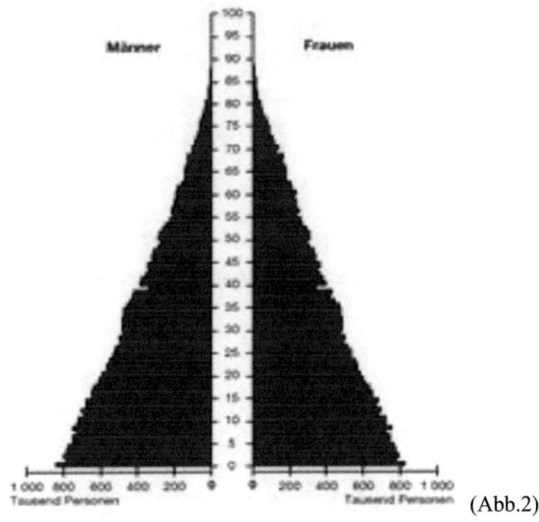

(Abb.2)

Bei dieser Form handelt es sich um eine „perfekte" Pyramide. Man kann deutlich erkennen, dass der Anteil der lebenden Bevölkerung proportional zum Alter abnimmt. Die Geburtenrate ist sehr viel höher als die Sterberate.

Der Altersaufbau der deutschen Gesellschaft 1950. Die Weltkriege hinterließen deutlich ihre Spuren besonders auffällig bei den dreißig bis vierzig jährigen Männern.(Statistisches Bundesamt, 2000)

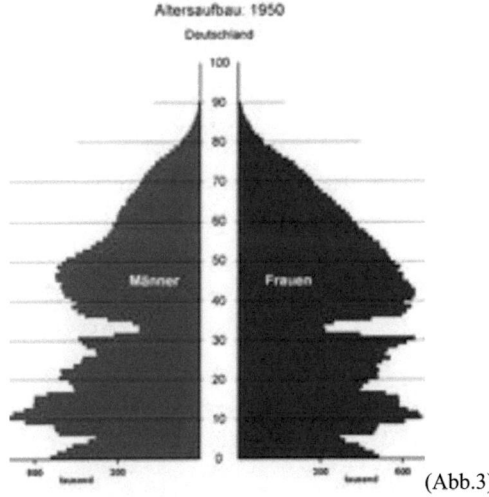

(Abb.3)

Durch Krieg starben Millionen Männer. Eine der Konsequenzen war das Sinken der

Geburtenraten. Die durchschnittliche Lebenserwartung betrug 1950 für neugeborener Kinder

in Deutschland 64,6 Jahre für Jungen und 68,5 Jahre für Mädchen. In der Alterspyramide

waren noch doppelt so viele Menschen unter 20 Jahre wie über 59 Jahre. Doch das Verhältnis

sollte nicht mehr lange erhalten bleiben.

Altersaufbau der deutschen Gesellschaft 2001. Die Graphik zeigt einen deutlichen

Überschuss an vierzigjährigen Frauen und Männer. Dies ist ein Resultat des Babybooms der

Nachkriegszeit. (Statistisches Bundesamt ,2000)

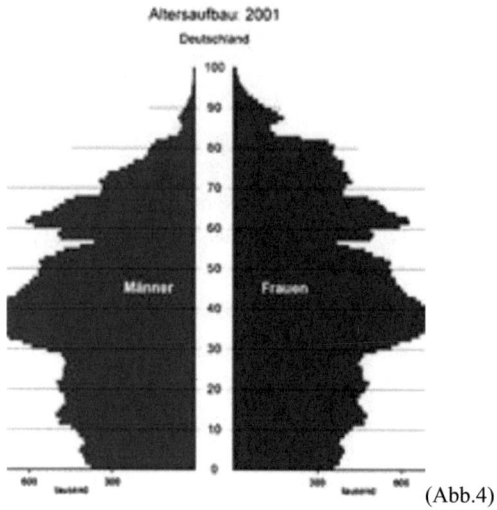

(Abb.4)

1972 erreichte das natürliche Bevölkerungswachstum sein Ende. Die Geburtenrate war nun

nicht mehr höher als die Sterberate. Weitere Faktoren die den Geburtenrückgang

beeinflussten, waren die Erfindung der Pille, und die Veränderung der Rolle der Frau in der

Gesellschaft.

Altersaufbau der Gesellschaft 2050. Die Form der Alterspyramide hat sich zu einer Pilzform

verändert. Man kann erkennen, dass mehr Menschen über fünfzig Jahre alt sein werden als

unter fünfzig.

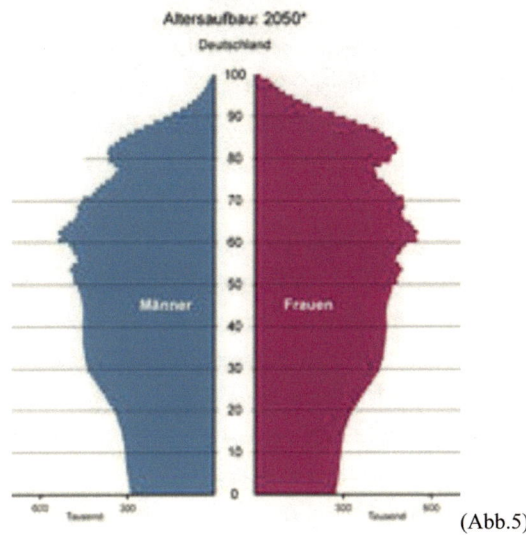

(Abb.5)

Im Jahr 2050 wird jeder dritte Mensch älter als sechzig Jahre sein. Dagegen wird der Anteil der Jüngeren immer geringer. Für die Prognose sind die Statistiker von folgenden Annahmen ausgegangen: Die Geburtenhäufigkeit bleibt gleich bleibend niedrig bei 1,4 Kindern. Um die Bevölkerungszahl langfristig zu erhalten, müsste jede Frau jedoch durchschnittlich 2,1 Kinder bekommen. Eine weitere Annahme ist, dass die Lebenserwartung weiter ansteigen wird.

IV.3 Analyse der Alterspyramide

1. Die Graphiken werden in männliche und weibliche Bevölkerung aufgeteilt.
2. Jeder Ausschlag an der vertikalen Achse steht für eine Altersgruppe der Bevölkerung
3. Jeder Ausschlag steht für eine absolute Anzahl Menschen einer Altersgruppe
4. Deutliche Einschnitte oder „Ausbeulungen" stellen besondere Ereignisse dar, wie z.B. Krieg, Pillenknick oder staatl. Familienförderung

V. Schlussbetrachtung

Der Demographische Wandel, beinhaltet die Veränderung und ist wie sich in der Vergangenheit gezeigt hat, ein komplexer und nicht immer prognostizierbarer Vorgang. Äußere Einflüsse wie beispielsweise Kriege, die wirtschaftliche Lage oder medizinische Fortschritte sind Faktoren, die man nicht unbedingt vorherbestimmen kann. So sind Prognosen keine absolut berechneten Ereignisse, vielmehr handelt es sich hierbei um Wahrscheinlichkeiten. Den Menschen sollte bewusst sein, dass sie selbst und vor allem die kommenden Generationen von Auswirkungen der demographischen Entwicklung betroffen sein werden. Nachdem ich mich intensiv mit dem Thema des Demographischen Wandels beschäftigt habe, ist mir die prekäre Situation in der wir uns befinden, bewusst geworden, es ist mir unverständlich, wie trotz aller offensichtlichen Fakten und Aussagen von Forschern und Experten, eine Mentalität des Verdrängens vorherrschen kann. Es scheint, als wollten die Menschen die Wahrheit nicht hören. Ein weiterer Kritikpunkt ist das Verhalten vieler Politiker, sie vermitteln den Anschein, es sei alles in bester Ordnung, die demographische Lage und die daraus resultierenden Konsequenzen weit von uns entfernt.

Wenn die Menschen nicht bereit sind die Realität anzunehmen, um gemeinsam rechtzeitig nach möglichen Lösungswegen zu suchen, werden sich die ohnehin schon komplexen Probleme zu einer gesellschaftlichen Krise wandeln.

„Weil wir unvorbereitet sind, werden wir in unmittelbarer Zukunft nicht nur eine politische, ökonomische Krise, sondern auch eine geistige Krise erleben." (F.Schirrmacher, Methusalem Komplott, S.21)

Der erste Schritt, der gemacht werden muss, ist die aktuelle demographische Lage und die damit für die Zukunft verbundenen Konsequenzen, ins Bewusstsein der Bevölkerung zu rufen. Durch politische Aufklärung müssen die Menschen erreicht werden, bevor es zu spät ist.

These:

Wenn wir uns nicht sofort dem radikalen demografischen Wandel offen stellen und die notwendigen gesellschaftlichen Veränderungsprozesse einleiten, werden wir von seinen Folgen in fast allen Lebensbereichen überrollt werden.

VI. Literaturverzeichnis

Miegel, Meinhard (2002): Die deformierte Gesellschaft. 8. Auflage. München: Propyläen Verlag.

Schirrmacher, Frank (2004): Das Methusalem Komplott. 34.Auflage. München: Karl Blessing Verlag.

Forum Demographischer Wandel des Bundespräsidenten, Hrsg. Bertelsmann Stiftung http://www.forum-demographie.de/fileadmin/user_upload/Panorama_241105-final.pdf

Bundeszentrale für politische Bildung
http://www.bpb.de/publikationen/WM82IQ,1,0,Bev%F6lkerungsentwicklung_und_Migration
_in_Deutschland.html

Enzyklopädie Wikipedia
http://de.wikipedia.org/wiki/Alterspyramide
http://de.wikipedia.org/wiki/Demografischer_%C3%9Cbergang

Planet Wissen
http://www.planet-
wissen.de/pw/Artikel,,,,,,ED035889B9C0732BE0340003BA5E0905,,,,,,,,,,,.html

Darstellungsverzeichnis:

Abbildung 1: Modell des „Demographischen Übergangs"
http://de.wikipedia.org/wiki/Demografischer_%C3%9Cbergang

Abbildung 2-5: „Alterspyramiden". http://www.planet-
wissen.de/pw/Artikel,,,,,,ED035889B9C0732BE0340003BA5E0905,,,,,,,,,,,.html